Recetas
Anti**colesterol**

Introducción

¿Qué es el colesterol?

El colesterol es un lípido (sustancia grasa) presente en todas las células del organismo que ayuda a estabilizar membranas celulares y a producir vitamina D y algunas hormonas. El colesterol presente en el organismo proviene de dos fuentes; una parte importante es producida por el propio organismo, principalmente por el hígado; el resto viene de la dieta. Para que las grasas, naturalmente insolubles en agua, puedan ser transportadas por el torrente sanguíneo se combinan con proteínas para formar moléculas llamadas lipoproteínas. Las dos lipoproteínas principales son: las de baja densidad (LDL) y las de alta densidad (HDL).

- El colesterol asociado a las lipoproteínas LDL es conocido como colesterol malo, esta lipoproteína se encarga de llevar el colesterol del hígado al resto del organismo. Un nivel alto de este tipo de colesterol en la sangre puede provocar la formación de placas de grasa, conocidas como ateromas, en las paredes de los vasos sanguíneos incluyendo las arterias. Cuando una de estas placas se desprende, puede producir un ataque cardíaco o un accidente vascular.

- El colesterol asociado a las lipoproteínas HDL es conocido como colesterol bueno y su función principal es recoger el colesterol de los tejidos y llevarlo al hígado, donde se elimina.

Los niveles normales de colesterol total en la sangre varían dependiendo de la persona, para prevenir enfermedades relacionadas con el exceso de colesterol es necesario conocer, a través de un estudio sanguíneo, los niveles de lipoproteínas HDL y de lipoproteínas LDL en la sangre. Además de la dieta, existen otros factores que inciden en el aumento de lípidos en la sangre como el consumo excesivo de bebidas alcohólicas, fumar, el sobrepeso, el sedentarismo, la edad, padecer algunas enfermedades como hipertensión o diabetes y por predisposición genética.

Una alimentación equilibrada, combinada con la realización de ejercicio físico regular, es necesaria para mantener los niveles de colesterol en la sangre en un rango adecuado. La dieta diaria debe estar compuesta en su mayoría por vegetales, hortalizas y frutas; ser rica en cereales de grano entero y leguminosas y se recomienda consumir pescados grasos, huevo y carnes magras como fuente principal de proteína. La dieta se debe completar con grasas de origen vegetal y en el caso de consumir lácteos deberán ser bajos en grasas.

Los alimentos que consumimos diariamente deben aportar los tres nutrientes principales: grasas, proteínas y carbohidratos, para mantener un correcto funcionamiento del organismo. Es por ello que resulta necesario conocer cuáles son sus efectos (beneficios y daños) en el organismo al momento de elegir qué alimentos consumimos y en qué cantidad.

Grasas

Las grasas son esenciales para el funcionamiento del organismo debido a que proporcionan los ácidos grasos esenciales que no son elaborados por el cuerpo. Son también una importante fuente de energía y ayudan a absorber y movilizar las vitaminas liposolubles A, D, E y K a través del torrente sanguíneo. Existen varios tipos de grasa, clasificadas en función de su composición molecular, que actúan de diversas formas en nuestro organismo.

Las grasas saturadas son responsables del aumento del colesterol total y de colesterol LDL en la sangre; es por ello que su consumo se debe limitar al 10% de las calorías consumidas al día. Este tipo de grasas están presentes en alimentos de origen animal, en especial en los cortes de carne grasos, en los embutidos, en la manteca de cerdo y de res, en las vísceras y en los mariscos; en todos los productos lácteos, mantequilla, crema, quesos, leche entera y helados de crema; en todos los alimentos fritos y en el aceite de coco.

Las grasas insaturadas se dividen en 2 tipos: poliinsaturadas y monoinsaturadas; ambas ayudan a reducir los niveles de colesterol asociado a las lipoproteínas LDL en la sangre por lo que se recomienda consumirlas en sustitución de las grasas saturadas. Cabe mencionar que, aunque son grasas saludables, su aporte calórico es muy elevado, por lo que su consumo debe ser moderado. Este tipo de grasas se encuentran en pescados grasos como el salmón, el atún, la trucha, el bacalao y las sardinas; en los aceites vegetales como girasol, maíz, soya, linaza, oliva, aguacate y canola; en algunos granos y semillas, en especial nueces, almendras, piñones, semillas de girasol, ajonjolí y nueces de macadamia y en el aguacate.

Los ácidos grasos trans resultan de la hidrogenación de las grasas para transformarlas de un estado líquido, a temperatura ambiente, a uno sólido o semi sólido. Este tipo de grasas pueden elevar el nivel de colesterol LDL en la sangre y reducir el nivel de colesterol HDL; es por ello que son las grasas más nocivas para el organismo. Se encuentran en alimentos procesados como margarinas, repostería y panes industrializados, alimentos de conveniencia, frituras, algunos aderezos embotellados y, en general, en la comida rápida.

Proteínas

La proteína es un nutriente fundamental para el crecimiento y el buen funcionamiento del organismo, ya que, además de realizar tareas estructurales, enzimáticas y protectoras, entre otras, proporciona a través de la alimentación los aminoácidos esenciales que el cuerpo no puede producir. Las principales fuentes alimentarias de proteína son los alimentos de origen animal y sus derivados: carnes, huevos y lácteos, además de algunos alimentos de origen vegetal: leguminosas, granos y semillas. En cuanto a las proteínas de origen animal, se recomienda consumir pescados grasos y ricos en grasas poliinsaturadas y omegas, así como carnes magras como pollo sin piel, pescados blancos, huevos, insectos y cortes magros de carne de res, cerdo, pavo y ternera. En el caso de las proteínas de origen vegetal, se recomienda consumir frutos secos ricos en grasas poliinsaturadas y todo tipo de leguminosas, en específico los frijoles de soya y todos los productos derivados del mismo.

Carbohidratos

Los carbohidratos son la fuente principal de energía para el organismo. Existen dos tipos de carbohidratos que se clasifican en función de su estructura química: simples y complejos. Los carbohidratos simples se encuentran naturalmente en frutas y verduras, leche y sus derivados, estos últimos deben ser consumidos en cantidades moderadas, o bien, preferir productos lácteos bajos en grasas. Por su parte, los carbohidratos complejos son en su mayoría bajos en grasa y buena fuente de fibra; se encuentran en panes, cereales integrales, tortillas de maíz, leguminosas y alimentos ricos en almidón como la papa, el camote y la jícama. Todos estos alimentos, así como las frutas, verduras y hortalizas son ampliamente recomendados para mantener los niveles de colesterol estables. En el caso de los carbohidratos provenientes de golosinas y dulces, se deben omitir o restringir aquellos elaborados con cremas, leche entera y mantequilla como cajetas, dulce de leche, helados de crema, cocadas y pays. En cambio, se pueden consumir con moderación nieves a base de agua, gelatinas, fruta, mermeladas, miel y caramelos.

Sumario

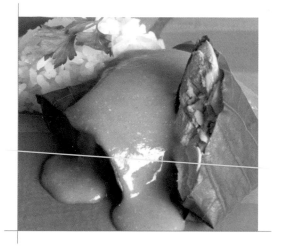

Avena con frutas

Ingredientes para 6 porciones

1 taza de leche descremada

½ cucharadita de semillas de cardamomo

1 raja de canela

1½ tazas de agua

½ taza de azúcar

½ taza de avena

½ taza de frambuesas

½ taza de fresas cortadas en cuatro

canela en polvo, al gusto

Procedimiento

Hierva la leche con el cardamomo y la raja de canela, cuele y reserve.

Caliente en una olla el agua con el azúcar y mezcle hasta que esta última se disuelva. Agregue la avena y cuézala por 10 minutos o hasta que haya absorbido toda el agua. Vierta la leche que reservó, mezcle y retire del fuego.

Sirva la avena en tazones individuales, espolvoree la canela en polvo y coloque encima las frambuesas y las fresas.

La avena es un excelente aliado para lograr disminuir los niveles de colesterol en la sangre; es un cereal rico en almidón, proteínas, fibra, grasas y algunos minerales como fósforo, potasio, magnesio, calcio y hierro. La avena puede consumirse cruda o cocida; sin embargo, al momento de cocerla se liberan fibras solubles como mucílagos y pectinas que ayudan a rebajar el nivel de colesterol en la sangre y retardan la subida del azúcar después de una comida. Además el 80% del total de las grasas que la componen son insaturadas, abundan el ácido graso esencial linoleico (omega-6), el avenasterol y la lecitina, que contribuyen a reducir los niveles de colesterol en la sangre.

Ensalada de frutas con menta

Ingredientes para 3 porciones

- ½ taza de agua
- ½ taza de azúcar
- ½ taza de hojas de menta
- 2 rebanadas de piña
- 1 kiwi pelado
- 1 mango
- 1 mandarina cortada en supremas
- 1 toronja cortada en supremas

Procedimiento

Hierva el agua en una cacerola, agregue el azúcar y mezcle hasta que se disuelva. Baje el fuego, añada las hojas de menta y deje cocer por 15 minutos o hasta que el jarabe se reduzca a la mitad. Retire del fuego, cuele y deje enfriar.

Corte las rebanadas de piña en triángulos medianos. Corte el kiwi en rodajas y obtenga de cada una triángulos medianos. Parta el mango por la mitad, retírele la semilla, pélelo y rebane ambas mitades.

Coloque toda la fruta en un tazón y báñela con el jarabe de menta. Sirva la ensalada en copas individuales.

Omelette de salmón

Ingredientes para 1 porción

1 huevo

2 claras

½ cucharadita de cebollín picado

½ cucharadita de aceite de oliva

50 g de salmón ahumado

25 g de queso manchego rallado

½ cucharadita de alcaparras

sal y pimienta al gusto

Procedimiento

Bata en un tazón los huevos con las claras, añada el cebollín y sal-pimiente.

Caliente el aceite de oliva en un sartén, vierta la mezcla de huevo y cuézala por 2 minutos a fuego medio.

Distribuya encima del huevo el salmón, el queso y las alcaparras. Doble el omelette, cuézalo por 1 minuto más y retírelo del fuego.

Sírvalo y acompáñelo con la ensalada de su preferencia.

El huevo es un ingrediente básico en la dieta diaria, nutrimentalmente es un alimento muy completo y su costo es bastante accesible. Es una excelente fuente de proteína, cada 100 g de huevo contiene 12 g de proteína, su contenido de carbohidratos es mínimo por lo que la energía que aporta proviene principalmente de grasas; además es rico en vitaminas y minerales. La clara del huevo es naturalmente libre de grasas y colesterol; la yema, por su parte, es rica en colesterol y está compuesta en un 35% de grasas, de las cuales casi el 60% son grasas insaturadas. Contrario a algunas creencias, la ingesta de huevo no tiene una relación directa en el aumento de los niveles de colesterol en la sangre; debido a que este último está vinculado al consumo de grasas saturadas y grasas hidrogenadas (ácidos grasos trans). Además, los fosfolípidos, sustancias grasas presentes en la yema, interfieren en la absorción metabólica del colesterol.

Queso panela asado con nopales

Ingredientes para 4 porciones

Salsa roja

5 chiles de árbol secos, asados
    y sin semillas

2 chiles pasilla asados,
    sin semillas ni venas

1 diente de ajo

½ cucharadita de sal

150 g de tomates asados

Queso asado con nopales

1 limón

8 nopales Cambray

c/s de aceite de oliva

400 g de queso panela cortado
    en rebanadas delgadas

2 jitomates bola cortados
    en gajos

sal y pimienta al gusto

chile pasilla tostado y troceado,
    al gusto

Procedimiento

Salsa roja

Remoje los chiles en agua por 20 minutos y escúrralos.

Licue los chiles con el resto de los ingredientes hasta obtener una salsa tersa y homogénea.

Queso asado con nopales

Exprima el jugo de limón sobre los nopales y salpimiéntelos.

Caliente un sartén con unas gotas de aceite de oliva y ase los nopales por ambos lados hasta que se doren ligeramente; retírelos del fuego y resérvelos. Repita el procedimiento con las rebanadas de queso.

Acomode las rebanadas de queso sobre los nopales, espolvoree el chile pasilla tostado y sírvalos con los gajos de jitomate y la salsa roja.

El queso panela puede ser sustituido por algún otro, como el asadero.

Ingredientes para 6 porciones

2 cucharadas de aceite de oliva

½ cebolla rebanada

1 taza de hongos mixtos (champiñones, setas, portobello) picados

1 cucharadita de cebollín fresco picado

6 huevos batidos

2 claras batidas

sal y pimienta al gusto

Procedimiento

Caliente 1 cucharada de aceite de oliva en un sartén y sofría la cebolla por 3 minutos.

Añada los hongos y saltéelos por 5 minutos o hasta que se evapore todo el líquido. Agregue el cebollín, sal y pimienta al gusto, mezcle y cocine por 1 minuto más. Retire del fuego.

Bata en un tazón los huevos con las claras, salpimiente e incorpore la mezcla de hongos.

Caliente el aceite restante en el sartén y vierta la mezcla de huevo con hongos, baje el fuego y tape el sartén. Cocine por 6 minutos, dele vuelta a la tortilla y continúe la cocción por 3 minutos más. Retire del fuego.

Corte la tortilla en 6 porciones y sírvala.

Aguacates con ensalada de bacalao

Ingredientes para 2 porciones

2 aguacates maduros y firmes

1 cucharada de jugo de limón

½ taza de jocoque

½ taza de yogur natural sin azúcar

1 taza de bacalao desalado, cocido y desmenuzado

⅓ de taza de chícharos blanqueados

1 chile serrano sin venas ni semillas, picado finamente

1 jitomate cortado en cubos pequeños

¼ de taza de cebolla picada finamente

2 cucharadas de apio picado

sal y pimienta al gusto

hojas de lechuga al gusto

Procedimiento

Parta por la mitad los aguacates, sepárelos y quíteles las semillas con un cuchillo. Retire con una cuchara ½ centímetro de la pulpa de los aguacates para poder rellenarlos y resérvela.

Retire la cáscara de los aguacates, barnícelos con el jugo de limón y espolvoréelos con un poco de sal. Resérvelos.

Coloque la pulpa de aguacate que reservó en un tazón y mézclela con el jocoque y el yogur hasta obtener una crema homogénea. Incorpore el bacalao, los chícharos, el chile serrano, el jitomate, la cebolla, el apio y sal y pimienta al gusto.

Rellene los aguacates con la ensalada de bacalao y sírvalos con hojas de lechuga al gusto.

Los esteroles vegetales son componentes naturales de origen vegetal que disminuyen las concentraciones sanguíneas del colesterol LDL, pues evitan su absorción; mientras que los niveles de colesterol HDL no cambian. Están presentes de manera natural en frutas, verduras, leguminosas y aceites vegetales en diferentes concentraciones; algunos alimentos con grandes concentraciones de esteroles vegetales son el aguacate, el ajonjolí, los cacahuates, las oleaginosas, los cereales, las leguminosas y los aceites de soya, oliva, girasol y maíz.

Arroz integral con setas

Ingredientes para 6 porciones

- 3 tazas de caldo de pollo desgrasado
- ¼ de cebolla
- 1 diente de ajo
- 1½ cucharadas de aceite
- 1 taza de arroz integral
- 1½ tazas de setas rebanadas
- 2 calabazas cortadas en cubos
- 2 cucharadas de perejil picado, al gusto
- sal y pimienta al gusto

Procedimiento

Licue 1 taza de caldo de pollo con la cebolla, el ajo, sal y pimienta. Cuele y mezcle con el resto del caldo.

Caliente en una olla 1 cucharada de aceite, agregue el arroz y fríalo hasta que se dore ligeramente.

Vierta el caldo, deje hervir, baje el fuego y tape la olla. Cueza por 40 minutos o hasta que el arroz haya absorbido todo el líquido y retire del fuego. Si todo el líquido se ha evaporado y aún no está bien cocido el arroz, añada el caldo suficiente y deje sobre el fuego hasta que se cueza.

Caliente el aceite restante en un sartén y saltee las setas por 3 minutos. Añada las calabacitas, cueza por 2 minutos más, agregue el perejil picado, rectifique la cantidad de sal y retire del fuego.

Mezcle el arroz con las verduras y sirva.

Arroz con lentejas

Ingredientes para 4 porciones

- 1 cucharada de aceite de ajonjolí
- 3 chalotes rebanados
- 1 rama de apio rebanada
- 1 taza de champiñones cortados en cuatro
- 1 taza de hongos portobello rebanados
- 1 taza de setas rebanadas
- 1 taza de arroz cocido al vapor
- ½ taza de lentejas cocidas y escurridas
- 3 cucharadas de menta picada
- salsa de soya al gusto

Procedimiento

Caliente el aceite de ajonjolí en un sartén, agregue los chalotes y el apio y saltéelos hasta que se blanqueen. Añada los hongos y cuézalos por 10 minutos o hasta que todo el líquido se evapore. Retire del fuego.

Mezcle el arroz con las lentejas, caliéntelos en el microondas e incorpore la mezcla de hongos y la menta. Sirva y aderece con la salsa de soya.

La fibra dietética se clasifica en fibra insoluble y fibra soluble y es abundante en alimentos de origen vegetal, principalmente en frutas, verduras y cereales integrales. El consumo de fibra insoluble ayuda en la aceleración del tránsito intestinal, mejorando la digestión y algunos problemas de estreñimiento. Por su parte, el consumo de fibra soluble en una dieta equilibrada y baja en grasas reduce el colesterol LDL, sin afectar los niveles de colesterol HDL. La fibra soluble se compone de gomas y pectinas, sustancias pegajosas que, en presencia de líquido, forman un gel que se une con el colesterol y los ácidos biliares del intestino delgado y ayuda a eliminarlos del cuerpo. Las principales fuentes de fibra soluble son la avena, la cebada, las leguminosas, la soya, el camote, el brócoli, los espárragos, la zanahoria, la pera, la manzana, los cítricos, la fresa, el plátano, las almendras y la linaza.

Carpaccio de calabacitas

Ingredientes para 4 porciones

Vinagreta de hierbas

⅓ de taza de vinagre blanco

2 cucharadas de hierbas frescas, finamente picadas (perejil, tomillo, mejorana, albahaca, orégano, cebollín)

⅔ de taza de aceite de oliva

sal y pimienta molida al gusto

Ensalada

½ taza de habas peladas

12 espárragos

3 calabacitas

2 cucharadas de semillas de girasol

2 cucharadas de avellanas tostadas y troceadas

hojas de menta al gusto

Procedimiento

Vinagreta de hierbas

Mezcle en un recipiente con un batidor de globo el vinagre blanco, la sal, la pimienta y las hierbas frescas. Vierta poco a poco el aceite de oliva, mezclando energéticamente con el batidor hasta emulsionar la preparación. Reserve.

Ensalada

Hierva en una olla 2 tazas de agua con una pizca de sal. Agregue las habas y cuézalas hasta que adquieran un color verde intenso. Retírelas del fuego, escúrralas y enfríelas sumergiéndolas en un tazón con agua y hielos; escúrralas nuevamente y resérvelas. Cueza los espárragos de la misma manera y resérvelos.

Rebane las calabacitas a lo largo con la ayuda de una mandolina.

Mezcle en un tazón todas las verduras con el resto de los ingredientes y aderece con la vinagreta de hierbas.

Ensalada de nopales

Ingredientes para 4 porciones

- ¼ de cebolla fileteada
- 2 cucharadas de jugo de limón
- 1 cucharadita de sal + 1½ cucharaditas
- 3 ℓ de agua
- ½ kg de nopales cortados en tiras
- 2 jitomates cortados en rodajas
- 100 g de queso fresco o de cabra desmoronado
- vinagreta de hierbas, al gusto (ver pág. 18)

Procedimiento

Mezcle en un recipiente pequeño la cebolla con el jugo de limón y 1 cucharadita de sal. Deje reposar por 30 minutos.

Hierva el agua con la sal restante, agregue los nopales y cuézalos por 30 minutos. Retírelos del fuego, escúrralos y enfríelos, sumergiéndolos en un tazón con agua fría y hielos. Escúrralos de nuevo y déjelos reposar en la coladera hasta que se sequen.

Escurra la cebolla y mézclela en una ensaladera con los nopales, las rodajas de jitomate y el queso. Sirva la ensalada de nopales y aderécela con la vinagreta de hierbas.

Ensalada de lentejas

Ingredientes para 4 porciones

Vinagreta de miel y mostaza

3 cucharadas de vinagre de vino blanco

2 cucharadas de mostaza dijon

3½ cucharadas de miel

½ cucharadita de sal

¼ de cucharadita de pimienta molida

⅔ de taza de aceite de oliva

Ensalada

2 manzanas descorazonadas

1 rebanada de 200 g de jamón de pierna

200 g de queso gouda

2 endivias partidas en trozos

1 taza de lentejas cocidas y drenadas

½ taza de apio rebanado

Procedimiento

Vinagreta de miel y mostaza

Mezcle en un recipiente con un batidor de globo el vinagre de vino blanco, la mostaza, la miel, la sal y la pimienta. Vierta poco a poco el aceite de oliva, mezclando energéticamente con el batidor hasta emulsionar la preparación. Reserve.

Ensalada

Corte las manzanas, el jamón y el queso en cubos pequeños y mézclelos en un tazón con el resto de los ingredientes.

Sirva la ensalada en 4 platos y báñela con la vinagreta de miel y mostaza.

Ensalada de pavo y mango asados

Ingredientes para 4 porciones

2 cucharadas de salsa de soya

2 cucharadas de vinagre balsámico

1 cucharada de aceite de aguacate

1 cucharada de aceite de oliva

1 cucharada de hojas de albahaca fresca picadas

4 rebanadas de pavo ahumado de 90 g c/u

2 mangos Manila pelados y cortados en tiras

1 taza de arúgula

1 taza de hojas de espinaca baby

¼ de taza de nueces de la India troceadas

vinagreta de miel y mostaza, al gusto (ver pág. 22)

sal y pimienta al gusto

Procedimiento

Mezcle en un tazón la salsa de soya, el vinagre balsámico, los aceites, la albahaca y salpimiente. Coloque un refractario las rebanadas de pavo y las tiras de mango, báñelas con el aderezo y déjelas marinar en refrigeración durante 30 minutos.

Caliente un sartén antiadherente y ase las rebanadas de mango durante 1 o 2 minutos por ambos lados; retírelas del sartén y resérvelas.

Retire el exceso de marinada que haya quedado en el sartén y ase las rebanadas de pavo por ambos lados hasta que se doren ligeramente. Retírelas del fuego y córtelas en tiras.

Mezcle la arúgula con las espinacas, las nueces y la vinagreta de miel y mostaza. Distribuya la ensalada en platos individuales y coloque encima las rebanadas de pavo y las tiras de mango asadas.

Sopa miso con tofu

Ingredientes para 4 porciones

2 ℓ de caldo de pollo o agua

2 cucharadas de dashi

3 cucharadas de pasta miso

60 g de brotes de bambú

3 rabos de cebolla cambray rebanados

300 g de tofu cortado en cubos

2 algas nori fileteadas

Procedimiento

Hierva el caldo de pollo o agua, agregue el dashi y mezcle hasta que se disuelva. Tome ½ taza de caldo, disuelva en él la pasta miso y resérvela.

Agregue a la olla los brotes de bambú y cuézalos por 2 minutos; baje el fuego y añada los rabos de cebolla, el tofu, las algas y la pasta miso disuelta. Continúe la cocción por 3 minutos más y retire del fuego.

La soya es la única leguminosa cuyas proteínas son comparables a las del huevo, la leche y la carne en cuestión de calidad. Se consume directamente en forma de semilla o germinados y en aceite, los cuales se utilizan como materia prima para obtener una gran cantidad de subproductos como harina, leche, tofu, salsa, soya texturizada, miso y lecitina en cápsulas. En comparación con otras leguminosas como lentejas, garbanzos, chícharos y frijoles, el consumo de soya aporta menos de la mitad de carbohidratos y es notoriamente más rica en proteínas, en las cuales se encuentran los 8 aminoácidos esenciales. Además, la soya no contiene colesterol, es rica en ácidos grasos, en su mayoría insaturados como el ácido graso oleico y el linoleico y contiene lecitina, sustancia que ayuda a emulsionar y metabolizar las grasas, evitando la formación de depósitos de grasa en las paredes de las arterias. El consumo de 25 g de soya o proteína de soya diariamente ayuda a disminuir los niveles de colesterol total y colesterol LDL en la sangre.

Sopa de jitomate

Ingredientes para 6 porciones

Aceite de hierbas

1 cucharadita de perejil picado

1 cucharadita de romero picado

1 cucharadita de cebollín picado

1 cucharadita de albahaca picada

¼ de taza de aceite de oliva

Sopa de jitomate

1 cucharada de aceite de oliva

¼ de cebolla picada

1 diente de ajo picado

1 pimiento rojo pelado, cortado en rajas

1 kg de jitomates pelados, picados

1½ ℓ de caldo de pollo

¾ de taza de leche descremada

4 cucharadas de piñones

sal y pimienta al gusto

Procedimiento

Aceite de hierbas

Licue todos los ingredientes y reserve.

Sopa de jitomate

Caliente el aceite de oliva en un sartén y acitrone la cebolla con el ajo; agregue las rajas de pimiento y saltéelas por 3 minutos; añada los jitomates y cuézalos por 5 minutos más. Salpimiente y retire del fuego.

Licue la preparación anterior con 1 taza de caldo de pollo, cuélela y viértala en una olla. Agregue el caldo de pollo restante y deje hervir. Incorpore la leche, deje hervir nuevamente, baje el fuego y cueza por 5 minutos más. Retire del fuego.

Sirva la sopa y decórela con unas gotas de aceite de hierbas y los piñones.

Atún sellado a la pimienta

Ingredientes para 3 porciones

- 1 cucharada de jengibre fresco picado finamente
- 2 dientes de ajo picados finamente
- 1 cucharada de mezcla de pimientas quebradas
- 1 cucharadita de sal
- 3 cucharadas de jugo de limón
- 3 cucharadas de aceite de oliva
- 1 trozo de lomo de atún de 600 g
- 2 cucharadas de cilantro picado

Procedimiento

Mezcle en un recipiente el jengibre, el ajo, la pimienta, la sal, el jugo de limón y el aceite de oliva. Coloque el lomo de atún en un refractario y cúbralo por ambos lados con esta preparación; déjelo marinar durante 30 minutos en refrigeración.

Caliente un sartén antiadherente grande y selle el lomo de atún por todos lados hasta que se dore. Retire del fuego y déjelo reposar por 15 minutos.

Corte el atún en rebanadas, espolvoréelas con el cilantro y sírvalas acompañadas con salsa de soya y una ensalada verde al gusto.

Ceviche de pescado

Ingredientes para 2 porciones

- ¼ de cebolla fileteada
- 2 cucharadas de jugo de limón + ¼ de taza
- 1 cucharada de sal
- 350 g de pescado blanco cortado en cubos
- ½ chile manzano sin venas ni semillas, picado finamente
- ½ cucharadita de ajo picado finamente
- ½ cucharada de cilantro picado
- ½ taza de granos de elote cocidos
- ½ camote cocido y pelado
- hojas de lechuga francesa al gusto
- sal y pimienta al gusto

Procedimiento

Mezcle en un recipiente pequeño la cebolla con 2 cucharadas de jugo de limón y 1 cucharada de sal; deje reposar por 30 minutos.

Coloque en un recipiente el pescado, el chile, el ajo, el cilantro, el jugo de limón restante, sal y pimienta y mezcle. Reserve en refrigeración por 10 minutos.

Escurra la cebolla e incorpórela al ceviche de pescado. Corte el camote en rodajas gruesas.

Sirva el ceviche con los granos de elote y las rodajas de camote y acompáñelo con las hojas de lechuga.

Cous-cous con garbanzos

Ingredientes para 6 porciones

1 taza de garbanzos remojados durante 1 noche

½ cebolla + ¼ picada finamente

1 diente de ajo entero + 1 picado finamente

¼ de cucharadita de comino en polvo

¼ de cucharadita de pimienta molida

¼ de cucharadita de canela en polvo

¼ de cucharadita de paprika

½ cucharadita de sal + 1 pizca

½ cucharadita de harina

2 tazas de cous-cous

2 tazas de agua hirviendo

2 cucharaditas de aceite de oliva

perejil picado al gusto

Procedimiento

Coloque en una olla exprés los garbanzos, la ½ cebolla y el diente de ajo; cúbralos con suficiente agua con sal. Cueza durante 40 minutos o hasta que los garbanzos estén suaves. Escúrralos.

Mezcle en un tazón las especias, la ½ cucharadita de sal y la harina e incorpore los garbanzos. Reserve.

Coloque el cous cous en un recipiente, vierta el agua hirviendo, agregue la pizca de sal, tape y déjelo hidratar durante 30 minutos.

Caliente el aceite de oliva en un sartén, baje el fuego a medio y saltee los garbanzos por 2 minutos. Añada la cebolla y el ajo picados y saltéelos hasta que se doren ligeramente. Retire del fuego.

Escurra el cous-cous y mézclelo con los garbanzos. Sirva y espolvoree el perejil picado.

Filete de res con limón

Ingredientes para 2 porciones

400 g de filete de res cortado en cubos

¼ de cebolla morada fileteada

1 diente de ajo picado

1 limón cortado en cubos

2 cucharadas de jugo de limón

1 cucharadita de salsa de soya

1 cucharada de aceite de oliva

cilantro picado, al gusto

sal y pimienta al gusto

Procedimiento

Mezcle todos los ingredientes en un recipiente con tapa y deje marinar la carne en refrigeración durante 1 hora.

Caliente un sartén y agregue la carne con los jugos de la marinada; saltéela por 15 minutos o hasta que dore y retírela del fuego.

Sirva el filete acompañado con arroz integral o ensalada al gusto.

Pasta con verduras salteadas

Ingredientes para 3 porciones

1 cucharada de aceite de oliva

2 dientes de ajo picados

1 cucharada de jengibre picado

1 zanahoria rebanada

½ taza de frijoles de soya cocidos

½ taza de cacahuates

½ lata de elotes baby, drenada

½ taza de germen de trigo

¼ de taza de salsa de pescado o salsa de soya

300 g de espagueti integral cocido

cilantro picado finamente, al gusto

2 cucharadas de jugo de limón

Procedimiento

Caliente en un sartén grande el aceite de oliva, agregue el ajo y el jengibre y saltéelos hasta que se doren ligeramente; añada la zanahoria y saltéela por 1 minuto.

Agregue los frijoles de soya, los cacahuates, los elotes y el germen de trigo; vierta la salsa de pescado y cueza hasta que la salsa se reduzca.

Incorpore el espagueti, el cilantro y el jugo de limón; retire del fuego y sirva.

Los cereales de grano entero o no refinados, son aquellos cuya semilla permanece entera, es decir que está compuesta por el salvado, el germen y el endospermo. Algunos ejemplos de estos cereales son la avena, las palomitas de maíz, el arroz integral, el arroz salvaje, la quinua, el amaranto y el trigo, el centeno y el maíz de grano entero; de estos se obtienen una infinidad de subproductos que se comercializan de manera industrial y que es posible encontrar fácilmente en los supermercados como el pan integral y de centeno, las pastas integrales, las galletas integrales, los cereales de avena y las barras de amaranto. Los cereales de grano entero son una excelente fuente de carbohidratos, vitaminas, minerales, fibra dietética y fitoestrógenos; los dos últimos ayudan a disminuir los niveles de colesterol LDL en la sangre y aumentar los de colesterol HDL. Se recomienda consumir 3 porciones diarias de cereales de grano entero (1 porción equivale a ½ taza).

Robalo al eneldo

Ingredientes para 2 porciones

Ensalada

1 cucharada de vinagre de vino blanco

1 cucharada de aceite de aguacate

1 cucharada de aceite de oliva

1 taza de espinacas baby

2 cucharadas de avellanas tostadas y troceadas

sal y pimienta al gusto

Pescado

1 cucharadita de aceite de oliva

2 filetes de robalo con piel, de 180 g c/u

1 cucharada de eneldo fresco picado

1 cucharada de jugo de limón

sal al gusto

pimienta rosa quebrada, al gusto

gajos de limón al gusto

Procedimiento

Ensalada

Mezcle con un batidor de globo en un tazón, el vinagre, sal y pimienta al gusto e incorpore poco a poco el aceite de aguacate y el de oliva hasta emulsionar la preparación.

Aderece con la vinagreta las espinacas y las avellanas; reserve en refrigeración.

Pescado

Caliente el aceite de oliva en un sartén antiadherente; coloque los filetes de robalo en el sartén sobre el lado de la piel y cuézalos por 3 minutos. Voltéelos, continúe la cocción por 1 minuto más y retírelos del fuego

Espolvoree los filetes con sal y pimienta rosa al gusto y el eneldo; báñelos con el jugo de limón.

Sirva y acompañe con la ensalada de espinacas y los gajos de limón.

Rollo de atún, pepino y cebollín

Ingredientes para 2 porciones

Arroz

2 tazas de agua

1 taza de arroz para sushi

½ cucharada de azúcar

½ cucharadita de sal

50 ml de vinagre de arroz

Rollo

1 hoja de alga nori

1 taza de agua con 1 cucharada de vinagre de arroz

150 g de atún crudo cortado en tiras largas de 3 mm de grosor

½ pepino pelado cortado en tiras largas de 3 mm de grosor

1 cucharada de cebollín picado

salsa de soya al gusto

Procedimiento

Arroz

Caliente en una olla el agua con el arroz; cuando hierva baje el fuego. Tape la olla y deje cocer el arroz por 15 minutos. Retire del fuego y reserve.

Disuelva en un recipiente pequeño el azúcar y la sal en el vinagre de arroz.

Extienda el arroz en una charola, distribuya el vinagre y mezcle lentamente para evitar que el arroz se bata. Cúbralo con un trapo húmedo y déjelo enfriar.

Rollo

Corte la hoja de alga nori a lo largo por la mitad para obtener dos rectángulos. Humedezca con el agua con vinagre una esterilla de bambú, coloque encima de forma horizontal un rectángulo de alga nori y humedezca toda su superficie.

Moje las yemas de sus dedos con el agua con vinagre, tome una porción de arroz y colóquela sobre el alga; distribúyala con los dedos en toda la hoja dejando un espacio de 1 cm en uno de los lados cortos. Acomode sobre el arroz la mitad del atún, del pepino y del cebollín.

Levante la esterilla por el extremo opuesto a donde dejó el espacio y enrolle presionando la esterilla con los dedos en cada vuelta.

Separe el rollo de la esterilla y colóquelo en una tabla para picar. Moje la punta de un cuchillo con el agua con vinagre, corte el rollo por la mitad y luego cada mitad en cuatro. Repita este procedimiento con el resto de los ingredientes para obtener otro rollo. Sirva y acompañe con la salsa de soya.

Sardinas asadas con especias

Ingredientes para 4 porciones

- 2 cucharaditas de sal gruesa
- 1 cucharadita de jengibre en polvo
- ½ cucharadita de comino en polvo
- ½ cucharada de curry en polvo
- 1 cucharadita de semillas de cilantro molidas
- 1 cucharadita de pimienta negra molida
- 1 cucharadita de hierbas finas
- 8 sardinas de 100 g c/u
- 2 cucharaditas de aceite de oliva

Procedimiento

Mezcle en un tazón la sal gruesa con las especias y las hierbas.

Coloque las sardinas en un refractario, espolvoréelas con la mezcla de sal y especias y rocíelas con el aceite de oliva. Deje reposar durante 30 minutos en refrigeración.

Precaliente el horno a 180 °C.

Hornee las sardinas por 8 minutos o hasta que se doren ligeramente. Sáquelas del horno y sírvalas acompañadas con arroz integral o con la ensalada de su preferencia.

Supremas de pollo con hoja santa y salsa verde

Ingredientes para 3 porciones

Salsa verde

½ kg de tomates

¼ de cebolla

1 diente de ajo

2 chiles serranos sin semillas ni venas

1 taza de caldo de pollo

sal al gusto

Pollo

½ cucharadita de ajo en polvo

½ cucharadita de pimienta blanca en polvo

4 supremas de pechuga de pollo

4 hojas santas grandes sin la vena central

c/s de aceite de oliva

sal al gusto

Procedimiento

Salsa verde

Cueza los tomates, la cebolla y el ajo en una olla con suficiente agua con sal. Licúelos con los chiles, el caldo de pollo y sal al gusto. Reserve.

Pollo

Mezcle en un recipiente al ajo en polvo, la pimienta y sal al gusto. Espolvoree con esta mezcla las supremas de pollo por ambos lados y envuélvalas con las hojas santas.

Coloque las supremas en la canastilla de una vaporera y cuézalas por 15 minutos.

Precaliente el horno a 160 °C. Engrase un refractario con el aceite de oliva, acomode encima las supremas y cúbralas con la salsa verde.

Hornéelas durante 10 minutos, sáquelas y déjelas reposar por 5 minutos. Sírvalas acompañadas con arroz blanco al vapor.

Tabulé

Ingredientes para 3 porciones

- 2 cucharadas de jugo de limón
- 2 cucharadas de aceite de oliva
- ¼ de taza de hojas de hierbabuena fresca picada
- 2 cucharadas de perejil picado
- 1 taza de bulgur o de cous-cous
- 2 tazas de agua hirviendo
- 2 jitomates cortados en cubos pequeños
- 1 pepino pelado y cortado en cubos pequeños
- sal y pimienta al gusto
- hojas de lechuga al gusto

Procedimiento

Mezcle en un tazón el jugo de limón, el aceite de oliva, la hierbabuena, el perejil y salpimiente. Reserve.

Coloque el bulgur o el cous-cous en un recipiente, vierta el agua hirviendo, tape y déjelo hidratar durante 30 minutos o hasta que esté suave. Escúrralo, incorpórelo a la mezcla de aceite y hierbas y déjelo enfriar.

Agregue el jitomate y el pepino; verifique la cantidad de sal y de jugo de limón y sirva con las hojas de lechuga.

Tostadas de ensalada de atún

Ingredientes para 2 porciones

3 tortillas de nopal

¼ de taza de cebolla picada finamente

1 chile serrano sin semillas ni venas, picado finamente

2 jitomates picados

2 latas de atún drenadas

1 cucharadita de cilantro picado

1 cucharada de jugo de limón

12 rebanadas de naranja en forma de media luna

sal y pimienta al gusto

guacamole al gusto

Procedimiento

Precaliente el horno a 180 °C. Corte las tortillas de nopal en cuatro, colóquelas en una charola y hornéelas por 5 minutos o hasta que estén crujientes. Retírelas del horno y resérvelas.

Mezcle en un recipiente la cebolla, el chile, el jitomate, el atún, el cilantro, el jugo de limón, sal y pimienta al gusto.

Sirva la ensalada de atún sobre las tostadas de nopal, decore cada una con 1 media luna de naranja y acompáñelas con el guacamole.

Crumble de frambuesas

Ingredientes para 2 porciones

- 1 cucharada de azúcar
- ¼ de cucharadita de canela en polvo
- 250 g de frambuesas
- 2 peras descorazonadas, peladas y cortadas en cubos
- ¼ de cucharadita de esencia de vainilla
- ½ cucharadita de jugo de limón
- ½ taza de harina
- ¼ de taza de avena
- 2 cucharadas de azúcar
- 2 cucharadas de mantequilla cortada en cubos

Procedimiento

Mezcle en un recipiente el azúcar con la canela, agregue las frambuesas, los cubos de pera, la esencia de vainilla y el jugo de limón; mezcle y reserve.

Precaliente el horno a 180 °C. Cubra una charola para hornear con papel siliconado.

Mezcle en un tazón la harina, la avena y el azúcar e incorpore la mantequilla con la yema de los dedos hasta obtener una mezcla arenosa. Extiéndala sobre la charola y hornéela por 15 minutos o hasta que se dore. Saque del horno y deje enfriar.

Sirva las frutas en un tazón y espolvoree encima el crumble.

Galletas de avena

Ingredientes para 12 galletas

- ¾ de taza de harina de trigo
- ¾ de taza de avena
- ¼ de cucharadita de polvo para hornear
- ¼ de cucharadita de bicarbonato de sodio
- ¼ de cucharadita de sal
- 1 cucharadita de canela en polvo
- ¼ de cucharadita de nuez moscada en polvo
- ¼ de taza de mantequilla
- ¼ de taza de azúcar
- 2 cucharadas de azúcar mascabado
- 1 huevo
- 1 cucharada de esencia de vainilla
- ½ taza de nueces picadas
- 1 manzana descorazonada y cortada en cubos pequeños

Procedimiento

Precaliente el horno a 180 °C. Cubra dos charolas para hornear con papel siliconado.

Mezcle en un tazón la harina, la avena, el polvo para hornear, el bicarbonato de sodio, la sal, la canela y la nuez moscada.

Bata la mantequilla con los dos tipos de azúcar hasta acremarla. Agregue el huevo y la esencia de vainilla y bata nuevamente hasta incorporarlos.

Añada poco a poco la mezcla de harina, bata hasta obtener una masa e incorpore las nueces y las manzanas.

Tome porciones de la masa con una cuchara y colóquelas sobre las charolas dejando un espacio entre cada galleta. Hornéelas por 15 minutos o hasta que se doren ligeramente. Sáquelas del horno y déjelas enfriar.

Mousse de pera

Ingredientes para 4 porciones

- 1 sobre de grenetina en polvo
- 4 peras descorazonadas, peladas y cortadas en cuatro
- 1 cucharada de jugo de limón
- 4 cucharadas de azúcar
- 150 g de yogur natural bajo en grasa
- 2 claras
- 2 kiwis pelados y cortados en cubos

Procedimiento

Hidrate la grenetina en ½ taza de agua, déjela esponjar por 5 minutos y fúndala en el microondas.

Coloque las peras en un plato y cuézalas en el microondas por 3 minutos. Sáquelas y muélalas con el jugo de limón y 2 cucharadas de azúcar hasta obtener un puré terso y sin grumos.

Vierta el puré de pera en un tazón e incorpore la grenetina; deje enfriar y mezcle con el yogur.

Bata las claras a punto de nieve con el azúcar restante e incorpórelas a la preparación anterior con movimientos envolventes.

Distribuya el mouse en copas individuales y refrigérelo por 4 horas. Sáquelos y sírvalos con los cubos de kiwi.

Sopa de fresas

Ingredientes para 4 porciones

- 1 cucharadita de mantequilla
- 750 g de fresas cortadas en cuatro
- 1 cucharada de azúcar
- 1 cucharada de licor de naranja
- 150 ml de jugo de naranja
- hojas de menta fresca para decorar

Procedimiento

Caliente la mantequilla en un sartén y agregue las fresas; presiónelas con un tenedor para que suelten su jugo y cuézalas por 2 minutos. Añada el azúcar y el licor de naranja; mezcle y retire del fuego.

Licue la preparación con el jugo de naranja hasta obtener una preparación homogénea. Refrigere durante 1 hora.

Sirva la sopa de fresas en vasos individuales con cubos de hielo y decore con las hojas de menta.

Dirección editorial Tomás García Cerezo

Editora responsable Verónica Rico Mar

Coordinador de contenidos Gustavo Romero Ramírez

Asistencia editorial Montserrat Estremo Paredes

Fotografía Alejandro Vera, Leon Rafael, Pablo Morales,
Philippe Vaures-Santamaria, Vivian Bibliowicz, Foto Disk S.A.,©2012,
Shutterstock.com, © 1999-2012 Thinkstock

Diseño y formación Visión Tipográfica Editores, S.A. de C.V. / Rossana Treviño

Portada Ediciones Larousse, S.A. de C.V.,
con la colaboración de Rocío Caso Bulnes